R
13366

AF249559

ÉTUDES SOCIALES

MISÈRE NATURELLE

&

MISÈRE ACQUISE

LETTRES ADRESSÉES AU JOURNAL *LE SIGNAL*

PAR

Léon SAHLER

AUDINCOURT

IMPRIMERIE CHARLES JACOT ET Cⁱᵉ

1895

8° R
13366

ÉTUDES SOCIALES

MISÈRE NATURELLE

&

MISÈRE ACQUISE

LETTRES ADRESSÉES AU JOURNAL *LE SIGNAL*

PAR

Léon SAHLER

AUDINCOURT

IMPRIMERIE CHARLES JACOT ET Cie

1895

QUELQUES MOTS AU LECTEUR

Les grèves dans les ateliers, voire même les troubles dans
la rue, les discussions au Parlement, les congrès pour l'étude
pratique des questions sociales, les journaux de tous genres,
les conférences socialistes et les encycliques du Vatican, —
tout nous parle, aujourd'hui, de la question ouvrière. C'est
là, par excellence, le fait actuel. — Telle est l'obsession du
du jour.

Il n'y a pas lieu de penser que, demain, on s'occupera
d'autre chose, car la plainte des classes ouvrières, longtemps
contenue, devient grandissante ; elle s'exhale parfois avec une
violence et une amertume sans précédents !

D'autre part, quelques docteurs nous vantent certains systèmes, devant amener la réconciliation, produire la paix et
conduire au bonheur social.

— Qu'y a-t-il de fondé dans ces plaintes ?

— Quelle est la valeur des remèdes proposés ?

Ce sont là les questions, qu'à la lumière des faits, nous
nous proposons d'examiner sommairement dans les pages qui
suivent.

L. S.

Septembre 1895.

I

Les deux misères. Leurs causes. L'ouvrier peut-il économiser ? Tous égaux devant le tailleur. L'enquête de M. Villermé. Alimentation de l'ouvrier. Atmosphère accablante des ateliers. L'ouvrier du bâtiment. L'ouvrier agricole. L'influence des classes supérieures. Direction qu'elle peut prendre.

Eh bien ! que dites-vous de cette idée : acquérir de la misère !... — N'avons-nous pas assez de celle qui nous entoure et nous importune ? Veut-on nous en fournir par surcroît ? répondrez-vous.

— Détrompez-vous, cher lecteur, il s'agit de toute autre chose. Et si nous avions un conseil à vous donner, ce serait plutôt de vous efforcer de vous décharger... de votre misère physique, en particulier.

Ce que nous voulons uniquement établir ici, c'est que si l'on rencontre, chez les vieillards, chez les veuves, parmi les orphelins, chez les malades, une *misère naturelle* résultant d'un manque d'équilibre forcé, entre les ressources que le travail pourrait fournir et les dépenses qu'occasionne l'existence ; si cette misère existe également assez fréquemment chez les hommes valides, par suite d'une insuffisance de traitement en face de beaucoup de charges, il se présente, dirons-nous aussi, assez souvent, un autre genre de misère : la *misère acquise*, celle qu'on a voulu se donner.

— Et qui sera assez fou, objectera-t-on, pour acquérir de la misère ?

Mais, tout le monde ! Peut-être vous, peut-être moi. C'est en dormant, sans qu'on y prenne garde, à échéance plus ou moins rapprochée, que le fait se produit, tout simplement par l'accroissement continu que nous donnons à nos besoins.

Je dois faire remarquer, en signalant le fait, que de nos jours, à mesure que la *misère naturelle* semble s'éloigner de plus en plus de la classe ouvrière, dont les gains se sont accrus dans de grandes proportions depuis une cinquantaine d'années, c'est dans ses rangs que la *misère acquise* fait le plus de progrès en remplaçant souvent exactement l'ancienne forme. — Pourquoi ? — Par suite sans doute de ce besoin si pressant d'égalité qui caractérise notre époque et nous pousse à faire tant de dépenses inutiles ! On imite celui qui, par ses ressources, est au-dessus de soi. C'est ce que l'on nomme tenir son rang, et c'est tout le contraire !

* *

Beaucoup, parmi les lecteurs du *Signal* connaissent ou reçoivent l'*Émancipation*, vaillante publication, dont j'admire le courage sans partager toutefois entièrement, ce que je pourrais nommer, les illusions. Dans ce journal, M. L. Comte a publié récemment sous ce titre : *L'ouvrier peut-il économiser ?* une série d'articles remarqués, remplis de vues excellentes.

Toutefois, il faut observer, — aucun de nous ne pouvant être complètement impartial et M. Comte ayant une prédilection marquée pour l'ouvrier, prédilection que je comprends et partage dans une certaine mesure, — il faut remarquer, dis-je, que M. Comte arrive à cette conclusion : pour que l'économie soit possible à l'ouvrier, il est nécessaire, il suffit même, dans bien des cas, qu'il *modifie sa mentalité*. Je suis fort heureux de me trouver, en cela d'accord avec lui. L'économie rendant impossible l'apparition de la misère acquise.

Le dernier article de M. Comte (*Émancipation*, n° du

15 août) étant particulièrement substantiel, je me permettrai, d'y faire de très larges emprunts.

Voici comment s'exprime M. Comte :

« Considérez, par exemple, les dépenses que font la femme, la fille de l'ouvrier et l'ouvrier lui-même en vêtements. On l'a dit bien souvent : on ne distingue plus aujourd'hui, au simple coup d'œil, une bonne de sa maîtresse, une petite ouvrière de la femme de l'industriel. De son côté, tel ajusteur croirait se déshonorer s'il allait à la noce de son ami en chapeau melon, il lui faut le gibus qui est déjà qualifié de traditionnel ; il lui faut aussi des gants et la redingote. De même la fille du mineur porte les manches à gigot, et, sur la tête, toutes les fleurs des terres et des champs. En un mot, il n'y a plus d'habits de classe. Tous égaux devant le tailleur et la couturière ».

Il serait piquant de rapprocher ce tableau, absolument exact, d'un autre tableau tout aussi saisissant : celui, qu'après un voyage auprès de tous les centres ouvriers de France, dressait, dans un ouvrage célèbre et qui fit impression, en 1840, M. Villermé, dénonçant la misère effrayante, la moralité suspecte et les conditions de vie épouvantables de ces populations ([1]).

Nous ne nous donnerons pas cette facile satisfaction.

M. Comte nous dit aussi :

« Il n'est pas loin le temps où le travailleur mangeait du pain bis et n'allait à la boucherie qu'une fois par mois ; actuellement, il ne connait plus que le pain blanc et ne passe

---

([1]) Voici le titre exact de ce travail, document historique d'une valeur incontestable, où l'auteur, dans les deux volumes qui le composent, entre dans les détails les plus minutieux que comporte son sujet : *Tableau de l'état physique et moral des ouvriers employés dans les manufactures de coton, de laine et de soie, ouvrage entrepris par ordre et sous les auspices de l'Académie des Sciences morales et politiques par M. Villermé, membre de cette Académie.*

pas de jour sans manger de la viande. Du reste, cette nourriture plus coûteuse est en quelque sorte la conséquence du travail de l'ouvrier qui a changé ; s'il est moins fatigant, dans ce sens qu'il exige moins de dépenses de forces physiques, il est plus énervant, il demande plus d'attention. A passer de longues heures dans ces immenses ateliers, près des machines, dans une atmosphère tantôt huileuse, tantôt accablante de chaleur, l'ouvrier perd son appétit, il devient de plus en plus difficile, il est dès lors obligé à une nourriture qui flatte son palais et l'engage à vaincre la paresse de son estomac abîmé, du reste, la plupart du temps, par la cigarette et l'absorption d'un nombre incalculable d'absinthes et de verres grands et petits. »

Certes, voilà encore une peinture bien venue, ce qui, de la part de notre ami, ne nous étonne nullement. On peut cependant la trouver quelque peu poussée au noir, tant comme nombre incalculable de verres que comme atmosphère huileuse et accablante des ateliers qui en serait la provocatrice.

*

Assurément, si dans les ateliers, comme installation, il y a des progrès à réaliser, on ne peut méconnaître, d'autre part, que la conduite la moins réglée est, d'ordinaire, précisément celle des ouvriers que ladite atmosphère ne peut incommoder et qui, travaillant en plein air, sont, au contraire, dans les conditions hygiéniques les plus favorables : maçons, charpentiers, menuisiers, peintres.

On me fait observer qu'il en est de même, et pis encore, dans certaines contrées, pour les ouvriers agricoles.

Cette conduite, ou plutôt ce manque de conduite, fait le désespoir des patrons qui les emploient. Nous avons la tête pleine de ce refrain, souvent entendu, et auquel, l'à peu près de la rime, n'ôte rien de sa vérité :

> Les tailleurs de pierre
> Sont de bons enfants
> Ne travaillent guère,
> Mais boivent souvent.

*
* *

Arrivons maintenant à la conclusion que notre auteur formule dans les termes suivants : « Si vous voulez que l'ouvrier économise, transformez sa mentalité, et comme la mentalité d'une classe n'est transformée que par les efforts de la classe supérieure, cela revient à dire : l'ouvrier économisera quand les classes responsables — et malheureusement dirigeantes — cesseront de donner l'exemple d'un luxe tout extérieur et d'une vie de prodigalités. D'ici là, soutenir que l'ouvrier peut économiser, c'est croire qu'un forçat peut briser le carcan qui l'enserre, c'est supposer que la classe ouvrière est seule capable de se soustraire à l'influence du plus puissant des instincts, l'instinct d'imitation. »

Sans mettre un seul instant en doute l'influence, surtout morale, que peuvent encore exercer les classes supérieures, ou dites supérieures de la société, il est impossible de ne pas faire remarquer en même temps, que, depuis quelques années, en France, au moins politiquement, elles ne dirigent rien du tout. Ce serait pour elles une raison sérieuse de faire porter leurs efforts dans ce domaine de l'influence morale qui leur reste encore, du moins en partie, et où elles auraient tout à gagner.

II

*Effets généraux de l'économie. Les difficultés de la vie dans diverses classes de la société.
A qui revient notre sympathie.*

Je crains d'abuser de la patience du lecteur, et cependant je voudrais étendre quelque peu le sujet que nous avons abordé hier.

C'est un tort qu'on a souvent de donner un sens par trop absolu aux propositions. Ainsi, lorsqu'on dit : « l'ouvrier n'économise pas » il est clair que cette vérité ne peut être que relative. Au sens absolu, c'est faux. J'ai eu moi-même l'occasion de signaler et de rendre publics de nombreux faits d'économie fournis par des populations ouvrières, qui, jusqu'ici, ont résisté au courant général et par cela sont particulièrement heureuses.

De même, lorsqu'on parle d'un état d'esprit qui rendrait couramment possible l'épargne chez l'ouvrier, il est certain que le fait ne pourrait être absolument général. Bien des raisons s'y opposent. Les économistes auraient en particulier à nous dire si on peut se représenter une nation dont tous les membres économiseraient à qui mieux mieux.

En effet, la dépense de l'un procure dans une certaine mesure le travail et le profit de l'autre. Si la consommation de tout ce qui se produit était absolument réduite, n'aurions-nous pas devant nous un champ de travail singulièrement limité ? Assurément, dans les dépenses, il en est qui sont d'une utilité générale, en faire ici la nomenclature nous entraînerait trop loin, et d'autres qui sont nuisibles, soit par elles-mêmes, soit par l'effet moral qu'elles produisent. C'est aux premières seules, si on était sage, qu'il conviendrait de s'attacher. Il y a là une distinction essentielle à établir.

* * *

On tombe dans une grave erreur en se figurant que c'est pour l'ouvrier seul que les difficultés de la vie sont grandes. D'autres classes que la sienne, actuellement, sont autant à plaindre.

Ainsi, dans notre armée, le lieutenant, même le capitaine, s'ils ont femme et enfants, ont mille maux, avec leur solde, à nouer les deux bouts. Ils n'ont pas la faculté de trouver dans des occupations accessoires un supplément de recettes. De même, pour bien des personnes rétribuées par l'État, qui se trouvent astreintes à un certain *decorum*. Voyez-vous M. le Juge un tel, parcourant la ville en faisant la bonne, ou sciant lui-même son bois pour l'hiver, ou bêchant à fond tout son jardin ? S'ils n'ont pas de fortune et sont chargés d'enfants, on ne sait comment les fonctionnaires en question peuvent subsister ! Beaucoup, en effet, ont un traitement inférieur au gain de bien des familles ouvrières.

On peut citer encore d'autres gens dont les ressources sont fort modiques : ce sont les professeurs. Je les crois cependant moins à plaindre que ceux dont nous avons parlé en premier lieu. Ils ont généralement l'avantage de leçons particulières, qui, quelquefois, doublent leur traitement.

Enfin, bien des médecins, des avocats, des représentants de commerce, n'ont pas une clientèle qui les fasse vivre.

On parle aussi de la modicité du traitement des curés. — Ils n'ont pas de famille à entretenir et, par contre, ils jouissent d'un petit casuel. — Mais nos pasteurs !

Je connais parmi eux beaucoup de ménages qui ne font qu'un seul *vrai* repas par jour, se contentant, soir et matin, de café au lait, de pain et de pommes de terre. Je sais que, dans la maison de l'un d'entre eux, pendant plusieurs années, il n'est pas entré une goutte de vin, que l'on n'aurait, du reste, pu payer. L'un de nos ecclésiastiques campagnards, homme instruit et distingué, que je ne désignerai pas autrement, ne se commande une redingote neuve que tous les dix ans. Il la porte à peu près douze fois par an, lorsqu'il se rend à la ville. Et que dire de ce vieillard, que nous avons bien connu, attendant avec anxiété que l'un de ses paroissiens fasse venir le médecin, éloigné de plusieurs lieues, afin que l'homme de l'art, dont malheureusement il n'est pas en état de payer le déplacement, voie, par la même occasion, son fils gravement atteint et le soulage ! Ces tristes situations, pour ne pas être générales, n'en sont pas moins fréquentes.

Le pasteur use parfois, il est vrai, lorsque sa demeure est assez spacieuse, de la faculté qu'il a de prendre des pensionnaires. Mais le plus souvent, c'est à prix peu rémunérateurs. J'ai trouvé, en fouillant dans de vieux papiers de famille, que l'un d'eux, auquel je tiens de près, hébergeait, dirigeait et prenait soin, en 1802, de jeunes gens, au prix dérisoire de vingt sous par jour !

Mais il faut conclure.

En somme, il semble résulter de tout ce que nous venons de voir, que, bien qu'on cherche à se le persuader, la difficulté de vivre n'est, ni une chose absolument nouvelle, ni le partage exclusif d'une classe. Tout ce qui peut être dit à l'avantage du bourgeois, d'une part, c'est qu'il est en possession d'une éducation, encore rare dans la classe ouvrière, qui lui donne une supériorité pour résister aux tentations. Et, d'autre part, qu'il possède un certain capital dont les revenus l'aident à vivre, capital que, dans nombre de cas, il est contraint de laisser fondre dans ses mains. C'est alors la misère en perspective !

Si l'ouvrier mérite l'intérêt que nous lui portons, il est juste de réserver une partie, également grande, de notre sympathie, pour tous ceux, qui, nombreux et en dehors de lui, sont dans une position difficile (¹). La première forme que doit prendre, pour tous, cette sympathie, assurément, c'est le respect.

(¹) Voici, en particulier, quelques traitements que je relève dans le journal *le Rentier*, publié sous la direction de M. Alfred Neymarck (numéro du 7 novembre 1895) : Commis ordinaires des postes et télégraphes. Institutrices de 2ᵐᵉ classe : 1500 francs. — Agents trieurs des Postes : 1200. — Brigadiers des Douanes. Préposés des contributions indirectes : 1100 francs. — Dames employées dans les postes et télégraphes. Receveuses des Postes (bureaux simples) : 800 francs. — Ce dernier chiffre représente le quart du gain d'un ouvrier verrier de Carmaux, au moment où il se met en grève.

III

Je continue, Monsieur le Directeur, puisque vous voulez bien m'y autoriser, à vous adresser, en conservant le titre de mes précédents articles, la suite de mes impressions. Tout en l'élargissant un peu, je m'efforcerai de ne pas sortir du cadre que je m'étais primitivement tracé.

Commençons par rétablir une phrase qu'une erreur de composition a rendue méconnaissable dans ma première lettre. A mesure, disais-je, que la misère *naturelle* semble de plus en plus s'éloigner de nous, la misère acquise, celle qui provient de désirs inassouvis, tend à prendre exactement sa place, de sorte que, moins malheureux matériellement, on le devient davantage par mécontentement. C'est, pour le moins, tout aussi grave.

Il y aurait long à dire sur les causes de ce phénomène! Depuis vingt, mettons même quarante ans, les désirs, dans tous les rangs, mais principalement dans la classe ouvrière, ont crû beaucoup plus vite que les moyens matériels d'y donner satisfaction. J'entends, par ces moyens matériels : l'augmentation des prix de main-d'œuvre, la réduction des heures de travail, en voie de s'accomplir et la diminution de prix de la plupart des objets de consommation courante, qu'un tableau, qu'il serait facile de dresser, rendrait particu-

lièrement saisissable. Tout cela, peu à peu, a modifié singulièrement l'ancienne situation, et pourtant le mal subsiste.

— Pourquoi ?

— Parce qu'on tient, avant tout, à s'accorder le superflu.
Dans ces conditions, les ressources manquent souvent pour
le nécessaire.

Donc, je soutiens que, de nos jours, en envisageant le mal
dans sa généralité, on le voit tenir beaucoup plus à des causes
mentales qu'à toute autre chose.

*
* *

Certes, il n'est rien d'intéressant et de passionnant, pour
un homme de cœur, comme les questions sociales. Aussi
serait-il à désirer que les auteurs les plus dévoués à la classe
ouvrière, en s'adressant à elle, s'en souviennent et soient
particulièrement prudents. Il faudrait qu'ils ne se laissent pas
aller, dans leurs écrits ou dans leurs discours, comme nous
le voyons parfois, à des affirmations contestables, de nature
à fausser le jugement du lecteur et qui, parfois, semblent
puisées aux sources les plus pures du collectivisme révolutionnaire.

Si certains admettent la propriété individuelle, telle que
nous la comprenons aujourd'hui, par contre, beaucoup, avec
les intentions les meilleures, battent en brèche, d'une façon
indirecte, mais suffisamment agressive, l'institution du salariat,
vieille comme le monde. Pour eux, c'est un mode de rétribu-
tion absolument insuffisant, qui a fait son temps.

On s'attaque également à la constitution moderne de l'industrie, s'exerçant dans de vastes établissements et dont les
parts de propriété sont divisées.

Enfin, toute une phalange d'hommes, considère les roua-
ges sociaux comme étant détestables, grippés, usés. Ils en

demandent le remplacement, de façon à faire régner dans le monde plus de justice. — Comment n'applaudirions-nous pas à cette dernière préoccupation ?

Cependant, il est nécessaire d'examiner si tous ces griefs tiennent debout et en particulier, de s'assurer de la justesse du point de départ. Comme nous nous y sommes engagés en commençant, c'est ce que nous allons essayer de faire. Il faut répondre à ces attaques.

Permettez-moi tout d'abord une image :

Si nous pénétrons dans une salle de concert, et s'il nous arrive d'entendre les sons les plus discordants, dirons-nous, de prime abord, que les instruments dont on se sert sont détestables ? — Non. — La pensée que nous aurons est celle-ci : les exécutants sont inexpérimentés, ils ignorent les règles de leur art, peut-être sont-ils surexcités, en tous cas, ils ne savent pas se mettre d'accord !

Eh bien ! Faisons ici de même. Parce qu'il règne parmi nous beaucoup de vilaines choses en même temps que beaucoup d'ignorance, ne disons pas résolument que les institutions qui nous régissent sont détestables. — La vérité est que, c'est nous, qui ne savons pas toujours en jouer. Nous manquons d'harmonie et de mesure.

En tous cas, si les institutions dont nous parlons : propriété privée, salariat, organisation du travail et bon nombre d'autres encore, sont imparfaites, on peut dire qu'elles sont à la hauteur de nos individualités, dont elles reproduisent les qualités et les défauts. Elles sont *humaines*, en un mot. Pour les modifier avantageusement, c'est l'homme et sa nature qu'il faudrait tout d'abord pouvoir transformer.

*
* *

Un des griefs que je voyais formulé dernièrement dans un

journal, contre notre organisation sociale, est celui-ci : « le machinisme augmente d'une façon formidable le nombre des *sans-travail* ». — Est-ce bien exact ? alors que nous voyons le nombre des ouvriers occupés croître sans cesse, et, — autre preuve du manque de vérité de cette proposition, — que l'agriculture, pourtant si routinière, souffre d'un tel manque de bras, qu'elle aussi, plus encore pour cette raison que pour toute autre, est obligée de recourir aux procédés de culture mécanique, au machinisme en un mot, pour nous servir du terme élégant nouvellement adopté. Les campagnes se vident, on afflue vers les villes, voilà le fait. En indiquer les causes nous entraînerait trop loin.

Je n'ai pas un seul instant la pensée de soutenir qu'il n'existe pas une classe de *sans-travail*. Mais cette classe, est-elle contemporaine ou antérieure au *machinisme*? Cette partie de la population, dont la vie est misérable, ne s'est-elle pas toujours partout rencontrée? Son existence ne tient-elle pas à des causes permanentes et spéciales ?

Ce sont les faibles de santé, d'intelligence, de jugement, d'énergie, de moralité souvent aussi, qui se réunissent, pour la former.

*
*
* *

Assurément, tout changement dans les méthodes de travail contrarie quelques intérêts : des souffrances inhérentes et inévitables en résultent momentanément. Cependant le mal date de loin !

Ainsi, le jour où Gutenberg et autres eurent l'idée malheureuse des caractères fondus, mobiles, ainsi que de la presse à imprimer, ils ont mis sur le pavé une quantité de copistes qui faisaient péniblement des livres destinés uniquement aux gens riches. — Mais n'y a-t-il pas aujourd'hui beaucoup plus de gens, occupés à imprimer et à faire des livres, qu'il n'existait de copistes autrefois ?

Et lorsque les chemins de fer, dont tout le monde se sert aujourd'hui, ont été établis, ils ont nui à beaucoup d'entrepreneurs de transports. On crut même que les chevaux n'auraient plus d'emploi, ce qui serait la ruine inévitable de ceux qui les élèvent. Les chemins de fer étaient aussi cause, à cette époque, assure-t-on, de la maladie des pommes de terre.

Cependant, bien plus de personnes sont occupées aux transports en ce moment, qu'il n'y en avait alors.

De même, la concentration du commerce et de l'industrie dans de vastes entreprises ne peut se produire sans contrarier certaines habitudes et sans nuire à certains intérêts. Ainsi le nombre des petits patrons, — malgré la création de nouveaux métiers inconnus à nos pères, — diminue très sensiblement. Le fait semble certain.

Mais ces petits patrons étaient écrasés par l'énormité de leurs frais pour un chiffre très restreint d'affaires. Ils devaient vendre cher et se contenter de peu.

De nos jours, pour l'industrie, pour le commerce et pour les transports, nous voyons se former de grandes sociétés d'actionnaires. La fortune se démocratisant de plus en plus, ces actions se rencontrent dans des quantités de mains. Et ces entreprises se trouvent gérées par un nombre considérable de fonctionnaires, d'employés de tous grades, de tous genres, convenablement rétribués. On peut regretter, pour eux, la liberté plus complète dont ils jouissaient, ils ne sont plus autant leurs maîtres, mais matériellement, leur situation est devenue meilleure.

*
* *

Cependant, je ne voudrais pas quitter le sujet sans insister encore sur la délicatesse de touche avec laquelle il convient d'aborder ces problèmes sociaux, et, m'adressant aux auteurs qui les traitent, je leur dirai résolument :

Lorsqu'à moi, ouvrier, vous m'aurez démontré par de subtils raisonnements, que je suis beaucoup plus malheureux que je le supposais jusqu'ici et qu'on me ravit, par une odieuse spoliation, partie de ce qui m'est dû, une part du bénéfice que peut réaliser mon patron et auquel j'ai droit, — m'aurez-vous rendu plus heureux, aurez-vous fait une œuvre utile ?

Et, lorsque semblant ignorer tout ce qui se tente en faveur de la classe ouvrière, toutes ces institutions qui, malgré tout, sont l'honneur de notre siècle, lorsqu'aussi, passant sous silence cette ascension constante du plus grand nombre vers un sort meilleur, que les plus prévenus sont obligés de reconnaître, vous vous exprimez avec passion, sans équité, sans prudence ; lorsque, encore, vous nous dites que bientôt le besoin, la peine, la souffrance et la misère vont soulever les masses *justement* animées de *haine* et de *vengeance* contre une organisation qui sera renversée comme un fétu de paille, quelle impression voulez-vous qu'un langage aussi outré, aussi peu mesuré, puisse me produire, à moi patron ? Dites, quel bien aurez-vous fait ? Quel service aurez-vous rendu ? Est-ce la cause de la modération et de la justice que vous aurez servie ?

IV

D'après les auteurs auxquels je fais allusion dans ma précédente lettre, tout serait au plus mal ici-bas. Ce dont ils sont témoins est inique, et pour y remédier, il serait grand temps de procéder enfin à une répartition des fruits du travail.

Il ne me semble pourtant pas qu'il s'agisse là d'une question bien nouvelle. Cette répartition, suivant moi, a toujours existé. Personne n'a jamais travaillé, sans l'espérance, que les circonstances démentent rarement, de recueillir, d'une façon ou d'une autre, le fruit de son labeur.

Ici, je remarque que ce mot de *fruit*, dont on se sert, éveille naturellement en nous l'image ou l'idée d'un arbre en plein rapport. C'est ainsi, en effet, que je puis me représenter le travail qui se fait dans nos diverses agglomérations. Cependant, en y regardant de près et en continuant à employer la même métaphore, c'est un curieux arbre que celui-là, car il porte de singuliers fruits! Non seulement, ils diffèrent de nom, mais encore de goût, de forme et de couleur, suivant la position qu'ils occupent dans l'arbre.

Ainsi, d'un robuste tronc, je vois deux branches principales se détacher. L'une, qui se nomme *main-d'œuvre*, porte toujours à peu près la même récolte, plus ou moins abondante, il est vrai : on l'a nommée *salaire*. L'autre branche, connue sous les noms différents de *capital*, de *direction*, *d'esprit d'entreprise*, a les allures les plus capricieuses! Tantôt les fruits qu'on y récolte sont doux, tantôt acides ou franchement amers, tellement âcres même parfois, qu'ils pourrissent le bois qui leur a donné naissance. Je veux dire que, dans ce dernier cas, c'est le capital lui-même qui est atteint, fondu, détruit, anéanti par les résultats néfastes de l'entreprise, et cela, sans avoir rapporté *ni intérêts, ni dividendes*.

Il n'y a pas là matière à déclamation. Pour qui a vu de près les affaires, le fait que je signale n'est que trop réel : quantité d'entreprises coûteuses, qui paraissaient des mieux conçues, tombent au bout de peu d'années pour ne plus se relever. Nombre d'actionnaires l'ont appris à leurs dépens! (¹) Certaines maisons, après avoir connu la prospérité, déclinent et finissent par disparaître, ayant englouti, tout en restant honnêtes, les économies de beaucoup de gens.

Tels sont, en réalité, les *fruits divers* produits par le travail.

* *

Mais ce n'est pas ainsi que l'entendent certaines personnes dont voici le raisonnement : la main-d'œuvre ayant reçu un salaire sur l'importance duquel on est tombé d'accord, et le capital un intérêt qu'on veut bien lui accorder et dont la quotité est également à débattre, s'il reste un bénéfice, c'est *là* le seul et véritable fruit du travail... — A qui doit-il revenir ? — Est-ce à la direction, qui a tout prévu, tout com-

---

(¹) Avec une somme inférieure à mille francs, on n'aurait que l'embarras du choix pour se procurer plus d'un million de capital en valeurs, telles que mines, canaux, chemins de fer, banques et sociétés diverses, desquelles, par exemple, on ne retirerait jamais un centime.

biné? Nenni. Est-ce au capital, qui a tout risqué? Pas davantage, il ne doit être qu'un vulgaire salarié. C'est la main-d'œuvre, — seule partie qui était à l'abri de tous les *aléas* et de par nos lois, en cas de mauvaises affaires, garantie de toute perte, seule partie enfin qui jouissait d'un *contrat ferme* — qui a *droit* à ce fruit. Seulement, par condescendance, elle n'en prendra qu'une part, qui sera répartie indistinctement, — ou dans des proportions variables, — entre toutes les personnes employées dans l'entreprise.

Voilà ce que certains auteurs soucieux d'établir l'existence d'un *droit* qu'on ne peut sérieusement justifier désignent sous le nom de *participation aux bénéfices*. Ils compromettent la chose par ces exagérations comme par ces exigences nettement socialistes.

La participation, suivant la façon dont on la comprend, pouvant, dans des cas déterminés, produire les meilleurs effets, je n'en parlerai qu'avec le plus grand respect. J'ai eu du reste déjà l'occasion de m'en occuper une première fois, il y a quelques années, dans un travail publié par les *Annales économiques* sous ce titre : *La participation aux bénéfices et ses résultats pratiques,* travail dont je n'ai pas un mot à retrancher, bien qu'il n'ait pas été du goût des chefs de l'école (¹).

⁎

C'est peut-être sans modestie que je rappelle ce que j'ai pu écrire, d'autres études bien autrement concluantes que la mienne ayant été publiées sur la question.

Je mets à part, avec l'autorité qui s'attache à leurs noms,

(¹) J'entends désigner MM. Ch. Robert, de Boyve, Ch. Gide, L. Comte. — Voyez, dans la *Revue du Christianisme pratique*, l'article de M. P. Minault intitulé, *La Participation aux bénéfices d'après MM. Léon Sabler et Charles Robert.*

les économistes de profession, tels que MM. Paul Leroy-
Beaulieu et Maurice Bloch, auteurs peu favorables à la participation, pour citer à la suite, le travail d'un homme véné-
rable entre tous, M. Gibon, ancien directeur des usines de
Commentry. Il a été inséré dans le *Génie civil* sous ce titre :
La participation aux bénéfices et les difficultés présentes. Je
ne connais rien de plus sincère, de plus bienveillant dans
la forme, de mieux pensé et de plus concluant. La lecture
de ce travail s'impose à tout homme qui veut se former une
conviction raisonnée. A citer également dans la *Réforme sociale* l'étude substantielle, pleine de verve et d'esprit, de notre
excellent ami M. Ernest Brelay, *la Participation et le malen-
tendu social.*

Du reste, il faut bien le dire, les droits de chacun sont
toujours ce que les font les parties contractantes. C'est
à chacun à examiner si les conditions qui lui sont proposées sont acceptables : en particulier, celui qui aspire à diriger une entreprise doit voir s'il peut ou non s'accommoder
d'une participation telle qu'on nous la définit et qui serait la
véritable intrusion d'un parlement dans ses affaires, alors que
souvent on hésite à s'adjoindre un simple associé, de peur de
dissidence dans les manières de voir et de conflits, malheureusement trop fréquents entre associés ! J'indique là briève-
ment l'un des grands dangers de la participation et ce n'est
pas le seul !

Mais ce que je ne puis admettre, par exemple, ce sont les
exagérations auxquelles on se livre lorsqu'on représente la
participation comme possible dans toutes les circonstances,
ou qu'on nous la propose comme un droit acquis, comme
un sauveur de l'ordre, ou encore, ainsi que nous l'avons vu
dernièrement, — raisonnement enfantin ! — comme un os
à jeter à l'hydre révolutionnaire pour qu'elle ne nous dévore

pas tout d'un coup ! ! Tâchons de laisser à chaque objet ses véritables proportions.

* * *

Je voudrais établir, — au sujet de la participation, — une distinction essentielle. Faute de le faire, on raisonne dans le vide : Il y a la participation *contrat*, qui donne au salaire tous les droits d'un véritable associé, y compris celui d'expertise en cas de désaccord ou de vérification d'écritures par un arbitre, si on veut éviter les frais de justice. Il y a, d'autre part, celle qui est le plus souvent accordée jusqu'ici, la participation *libéralité*, qui laisse intacte l'autorité et l'appréciation du patron. Ici, je me prononcerai nettement et je dis : la première, la participation contrat, en se généralisant, me semble, par les espérances qu'elle fait naître, par les déboires qu'elle prépare, bien plus propre à augmenter qu'à restreindre le nombre des conflits. Je la considère, en raison de cela, comme dangereuse au point de vue de la paix sociale. La seconde, la participation libéralité, ne peut, au contraire, être assez recommandée.

Nous avons encore un point important à élucider : A qui s'adressera cette participation ? Est-ce à des individualités, qui seront libres de lui donner l'emploi qu'elles jugeront ? — Si la participation est un *droit* afférent au salaire, il le faut ! — Ou au contraire, sont-ce des organisations collectives qui en recueilleront le fruit ? — En tant que *libéralité*, je suis surtout pour ce dernier emploi.

M'étant prononcé catégoriquement dans les pages qui précèdent pour l'absence de *droit*, à moins de conventions spéciales, — ce que je n'avais pas jugé à propos de faire jusqu'à présent, tant la chose me paraissait évidente, — j'affirmerai ici, non moins nettement, le *devoir absolu* pour le patron qui réussit, de faire à ses collaborateurs de tout ordre, dans la forme qu'il juge la plus conforme à leurs intérêts, une part dans ses succès.

En premier lieu, comme utilité, d'après tout ce qu'on a pu remarquer jusqu'ici, semble se placer sa contribution à des caisses de maladie ; en second lieu, son puissant concours, ou tout au moins son concours, suivant ses moyens, pour la fondation si désirable de caisses de retraites (1).

(1) Il ne semble pas qu'il y ait lieu de porter à l'actif de la participation, ce fait bien connu que dans beaucoup de maisons commerciales ou industrielles, les chefs des divers services sont intéressés aux bénéfices dans des proportions variables. C'est une situation exceptionnelle et, en raison de cela, cet intérêt ne présente pas les dangers d'une participation générale.

V

En commençant ce chapitre je réclame un peu d'indulgence. Je me rends compte, en effet, du rôle très ingrat et peu sympathique que je remplis. En m'attaquant à une légende, en cherchant à faire voir certains faits sous leur vrai jour, je suis un empêcheur de danser en rond.

Je compte, en effet, toucher aujourd'hui, en quelques mots seulement, sans vouloir épuiser le sujet et uniquement, comme je l'ai fait hier pour la *participation*, à la question de la *production coopérative*. Il s'agit là de choses fort différentes, il est vrai, mais qui nous sont proposées toutes deux, au même titre. Certains, croient voir en elles, le salut social : participation et production coopérative, voilà leur éternel refrain !

En ces matières, comme en toutes autres, il faut se mettre en garde contre les emballements.

Le Familistère de Guise étant ce qui frappe le plus dans cet ordre d'idées, tout en conservant le souvenir d'avoir été vertement tancé autrefois pour ne pas en avoir parlé avec un respect suffisant, examinons l'exemple qu'il nous fournit. Il est donc nécessaire, pour cela, que le nom de Godin se retrouve encore sous ma plume.

On me reproche, tout d'abord, de ne pas avoir une admiration suffisante pour cet homme, qui certes, avait ses bons côtés, comme ses faiblesses aussi, grandes parfois, et qui apparaît à nos yeux comme la synthèse du système.

On dit encore que j'ai le parti pris, l'intention nettement accentuée de diminuer l'importance des cas, soit de participation, soit de production coopérative que j'examine. — Mais, à qui la faute si je suis obligé de remettre parfois les faits au point lorsque des admirateurs trop enthousiastes ont enflé, — surtout au point de vue des conséquences à en tirer, — l'importance des résultats acquis ? En fait de production coopérative, je n'ai jamais eu qu'un seul souci : celui d'arriver, par une étude approfondie de la question, à connaître la vérité, et cela fait, de ne pas conserver pour moi seul le résultat de mon enquête.

*
* *

Donc, tout en ayant une première fois parlé de Guise, j'ai dû y revenir à la suite de la publication d'un travail du regretté pasteur Ollier, de Lille, en insérant quelques considérations nouvelles sur cette affaire dans la *Revue Chrétienne* (Nov. 1893) en un article dont voici à peu près le sens :

Ce n'est que dans la mesure dans laquelle il l'a cru compatible avec la marche de son industrie que Godin s'est conformé à l'idéal coopératif que voici : la Société composée d'hommes travaillant sur le pied d'égalité, possédant en commun, tout comme les premiers chrétiens, les capitaux qu'ils font valoir, sous la direction de collègues qu'ils auront *élus* et qu'ils pourront *librement révoquer*.

Pour chacune des parties de sa conception, Godin a bien multiplié les emplois et les comités. On y trouve : le Conseil du Familistère, le Conseil d'industrie, le Conseil de gérance et aussi celui de surveillance, sans oublier le comité de conciliation. On vote donc beaucoup au Familistère.

Mais si, avec la plus grande générosité et sans souci pour les intérêts de sa propre famille, il a mis chacun des travailleurs en position de devenir propriétaire de partie du fonds social, Godin, avec un grand bon sens, a placé la *Direction* à l'abri de toute entreprise. C'est là le fait saillant qui se dégage de l'étude des statuts du Familistère et qui assure la marche régulière, normale et prospère de cette institution, laquelle, ainsi, pleine de force, survit à son fondateur. Les comités dont nous avons parlé ne servent que d'*indicateurs* et de *tampons* dans les conflits.

Pourtant, bien au-dessus de ces organes secondaires, que voyons-nous ? La plus forte des autorités constituée en la personne d'un *gérant nommé à vie*, à moins de déchéance pour faits graves, assisté d'un conseil électif dont les membres sont élus pour trois ans seulement.

Cependant, l'administrateur-gérant a *seul* la signature sociale, il nomme et révoque *seul* tous les employés et fonctionnaires. *Personne* ne peut être admis dans la société sans son assentiment. Il agit en toute circonstance sous sa responsabilité personnelle et *sans avoir à justifier à personne de ses avis*. Voilà un des côtés de l'institution de Guise que peu de gens connaissent, parce que les personnes qui en parlent, semblent systématiquement le laisser dans l'ombre !

La vérité est qu'à Guise, il y a unité de direction. On n'y est pas en république ; le faire croire, ce serait tromper. Le directeur, inamovible, est largement rétribué, et, industriellement, cette maison fonctionne comme les autres maisons de production. Ce fait ôte beaucoup de valeur à tous les arguments qu'on veut tirer de cet exemple.

Lorsqu'on me reproche, à moi, de placer au-dessus de tout, ou plutôt, de déclarer comme étant absolument nécessaire, pour peu que l'affaire soit un peu compliquée, l'autorité patronale, je suis, au moins, conséquent avec moi-même. Peut-on en dire autant de Godin ? Évidemment, non.

Il y a cependant une différence à établir entre ce philanthrope et la plupart des patrons, c'est que si ceux-ci se détachent souvent beaucoup trop complètement — en dehors de heures de travail, — de la vie de ceux qu'ils emploient, Godin, lui, poursuivait les fonctions de son patronage pendant tous les instants de leur existence. Par une sorte d'inquisition bienveillante qu'il exerçait sur les habitants du Familistère, il leur était parfois singulièrement à charge, exerçant une véritable immixtion dans tout ce qui les concernait, d'où, pour eux, absence totale de liberté.

*
* *

Tout autrement concluant aurait pu être l'exemple fourni par le Familistère, si le gérant avait été nommé à temps, si, forcé de ménager chacun par des concessions et de subir toutes les exigences pour assurer sa réélection, il avait triomphé de ces difficultés, si, obligé de perdre son temps et d'employer ses forces dans des discussions incessantes, il avait pu quand même conduire l'affaire à bien. Et enfin, si les bénéfices avaient été à la disposition du personnel au lieu d'être forcément immobilisés et consacrés à l'acquisition de parts de la Société.

Mais, dans ces conditions nouvelles, les résultats de cette entreprise auraient été peut-être différents de ce qu'ils sont. Je dis *peut-être*, par politesse et pour ne pas dire certainement.

Donc, remarquable au point de vue philanthropique, le Familistère, constitué comme il l'est, ne prouve rien au point de vue de la production coopérative absolument libre. C'est cependant toujours lui qu'on met en avant, c'est lui qu'on cite à tout propos. Le Familistère, c'est l'arche sainte à laquelle il est défendu de toucher !

Avons-nous donc là un modèle si parfait ?

Godin, dans ses affaires, a réussi. Godin, en mauvais termes avec son fils unique, s'est, en leur abandonnant son affaire, montré plus généreux envers ses employés et ses ouvriers qu'il n'aurait pu le faire sans cette circonstance. Voilà les seuls faits certains.

Mais le succès est-il chose commune et qui puisse se décréter ?

La générosité, atteignant ces proportions-là, est-elle courante et peut-elle s'imposer ?

Est-il désirable aussi que de telles conditions de famille, soient fréquentes et se généralisent ? — Assurément non.

C'est pourquoi la constitution de l'établissement de Guise tenant à des causes spéciales, le Familistère, qu'il est permis de critiquer à certains points de vue, restera sans doute toujours à l'état de fait exceptionnel.

Croire que le pays, peu à peu, se couvrira de Familistères grands et petits, certainement c'est un rêve ; travailler à une œuvre semblable, c'est perdre son temps !

Si cela ne devait nous entraîner trop loin, je parlerais ici de l'entreprise de peinture Leclaire, un des types les plus intéressants d'association coopérative. Mais je dois me borner et renvoyer le lecteur à la brochure déjà citée : *La participation aux bénéfices et ses résultats pratiques*, cette entreprise y ayant été longuement analysée.

Tout en rendant justice à ses mérites exceptionnels, j'y ai établi, en particulier, qu'on ne rencontrait là, ni tous les caractères, ni les difficultés inhérentes à une production coopérative.

Encore une remarque : Leclaire, — comme Mme Boucicaut, du reste, dont nous inscrivons ici le nom avec respect, —

n'avait pas d'héritiers directs lorsqu'il a organisé son entreprise sur le pied que nous connaissons.

.

En général, quand on voit une association du genre de celle qui nous occupe réussir, c'est lorsque, par une heureuse inconséquence, on y a sagement maintenu le principe de l'autorité patronale, ou encore, lorsque le but à atteindre est simple, immuable, peu sujet à discussion.

Cependant, nous devons signaler d'intéressants essais de production coopérative ouvrière, d'un caractère différent et autour desquels on a fait grand bruit. Il s'agit des mines de Rive-de-Gier et de la mine de Monthieu ou mine aux mineurs.

C'est dans un esprit absolument sympathique que, dans la *Revue d'Économie politique*, MM. G. Regnault et Maurice Waton parlent de ces entreprises en un article intitulé : *Les Nouvelles Compagnies Ouvrières*.

Assurément, il y a, dans de tels faits d'association de production coopérative égalitaire, quelque chose de suggestif.

Qui veut scruter l'avenir se demandera, si, dans les siècles futurs, — en admettant que la nature de l'homme arrive à se modifier profondément, — telle ne sera pas l'organisation des sociétés. Ce sont là de rafraîchissantes pensées, et cette perspective nous repose, tout autant de la doctrine des maîtres *participationnistes*, bonne surtout à troubler les cervelles par une dangereuse confusion entre le *tien* et le *mien*, que de l'exemple hybride de Guise, toujours mis en avant et où, les principes étant posés, on les a convenablement abandonnés à mi-chemin.

Comme il faut se borner, il ne peut être ici question, ni d'analyser ce travail, ni de disserter longuement sur le plus ou moins de chance de durée de ces entreprises égalitaires, qui ont eu jusqu'ici bien des assauts à soutenir, venant de différents côtés, et dont l'avenir n'est rien moins qu'assuré !

Je me bornerai donc à faire, à la publication de MM. Regnault et Waton, deux emprunts :

« Il faut, — disent-ils — avoir affaire à des ouvriers d'un altruisme très développé en même temps que d'une grande sagesse pour consentir au travail spontané vers un but commun ainsi qu'à l'obéissance à un chef qu'ils se sont choisis eux-mêmes et peuvent révoquer. Or, quiconque a fréquenté les ouvriers sait que cet altruisme et cette sagesse sont encore rares chez eux » ...

Je souscris, quant à moi, à ces conclusions, en faisant, une fois de plus, la remarque que ce n'est pas chez les ouvriers qu'on trouve le moins d'altruisme, bien au contraire ! La souffrance qu'ils connaissent, développe souvent chez eux l'amour du prochain, auquel maint bourgeois, qui se croit sage, est totalement étranger.

D'autre part, un fait curieux, signalé par nos auteurs et qui sollicite grandement notre attention, c'est l'hostilité des syndicats ouvriers, qui se sont jusqu'ici fait connaître surtout comme étant la plus oppressive et la plus inhumaine de toutes les autorités !

Voici comment ils s'expriment à ce sujet :

« Une autre difficulté pour les associations de production est la lutte qu'elles ont à soutenir avec les syndicats ouvriers. Ceux-ci les regardent comme des capitalistes, elles vont en effet à l'encontre de leur but, en cherchant l'entente du capital et du travail. La lutte que nous avons vu se produire à Rive-de-Gier et à Monthieu entre les syndicats et les associations, est un fait général.

» Au congrès régional du centre, la délégation des syndicats déclare : Que la coopération doit être combattue par les Bourses du travail, que celles-ci ne peuvent admettre un système de groupement, soit de *production, consommation, secours mutuels* ou de *participation* qui pourrait amener des entraves au groupement syndical pour lequel elles sont établies. »

Les syndicats entendent, on le sait, tout gouverner, tout administrer.

Quelle riante perspective pour leurs adhérents.

Quels aimables patrons ils se donneront là !

A bon entendeur, salut.

VI

Certes, je comprends l'agitation et l'impatience de quelques esprits qui veulent, par tous les moyens possibles, faire régner sur la terre un bonheur et un contentement universels. Mais ce désir n'est pas une raison pour accepter sans contrôle, pour tenir bons sans examen, tous les moyens qu'ils nous proposent.

J'ai cherché jusqu'ici à montrer que la voie de la participation et de la production coopérative n'était pas une grande route sur laquelle on chemine aisément.

C'est bien plutôt un sentier escarpé, praticable pour quelques-uns seulement et par lequel la société tout entière ne peut passer. Il en sera encore bien longtemps ainsi.

***

Alors, ne voyez-vous pas, me dira-t-on, ces colères, ces haines et ces rancunes qui s'accumulent sous la surface de nos institutions comme sous celle d'un cratère et qui vont, avec la force de quelques milliers d'atmosphères, nous faire sauter au premier jour ?

— Parfaitement, je distingue ces colères. Mais si je ne crois pas à l'efficacité de vos remèdes, je ne suis pas tenu pour tout autant de vous garantir contre les explosions, ou, en parlant autrement, de vous assurer de la guérison du malade, surtout si celui-ci n'a nul désir de guérir.

Cependant, si, comme médecin, j'étais consulté au cas présent, je voudrais qu'il fût possible de doucher tout d'abord ces égarés, ces exaltés, auxquels un verre de sirop conviendrait mieux que l'alcool, dont la consommation devient effrayante et dont beaucoup font un trop fréquent usage !

Tout au contraire, qu'arrive-t-il ? A quoi aboutit, surtout jusqu'ici, l'instruction que l'on s'efforce de répandre ? — A faire lire les journaux. — S'il en existe de bons, d'autres plus nombreux et dont la puissance pour le mal est considérable, attisent les haines, soufflent l'envie, manient la calomnie avec habileté, sèment le mépris de toute autorité et cherchent à déconsidérer tout ce qui peut être digne de respect. Leurs rédacteurs espèrent, de cette façon, devenir des hommes politiques, et il faut reconnaître que cette tactique leur réussit assez bien, tout flatteur vivant aux dépens de celui qui l'écoute.

Aussi, voyez les résultats! Beaucoup d'élections dues au suffrage universel, sont déplorables et nous en sommes arrivés à ce point : que nos *élus salariés* à la Chambre, préoccupés avant tout d'empêcher le gouvernement, quel qu'il soit, de fonctionner et désireux de le renverser pour se mettre à sa place, ne font plus même leur service raisonnable qui serait au moins de voter le budget en temps utile. Les interpellations succèdent aux interpellations, et lorsque nos honorables suspendent leurs travaux et, prenant la clef des champs, vont respirer un peu d'air pur, le pays se trouve encore plus en vacances qu'eux-mêmes et, lui aussi, respire enfin!

* *
*

On nous fait encore cette observation : Ne distinguez-vous pas que le mouvement de concentration de l'industrie en de vastes et puissantes organisations, possédées par des Sociétés anonymes, est un danger manifeste et qu'on peut prédire le moment où la grande masse des instruments de production pourra être accaparée par l'État et transformée en services publics régis par lui ? Que dès lors le régime patronal est menacé de toutes parts ?

Bien que l'État soit un fort mauvais gérant industriel et qu'il fabrique, le plus souvent, mal et coûteusement, loin de moi la pensée de soutenir qu'il n'y a, de ce côté, aucun souci à avoir, et cela d'autant plus que tous les gouvernements ne sont pas honnêtes. Plusieurs nous ont déjà fourni le spectacle de spoliations, et bien que celle dont il s'agit soit gigantesque, dans le temps de progrès où nous avons le bonheur de vivre, tout peut arriver. Il ne faut plus douter de rien.

Et pourtant, nous voyons comme un coin de ciel bleu dans cet horizon chargé de tempête : c'est ce fait que, si les moyens de production se concentrent, il se produit par contre, parallèlement une diffusion de propriété. Les actions et les obligations de toutes ces sociétés, les possesseurs de rentes sur l'État, les dépositaires aux caisses d'épargne et les petits propriétaires sont de jour en jour plus nombreux. La masse de ceux qui ont tout à perdre à une confiscation générale augmente très sensiblement.

Cependant, à moins de changement dans l'orientation des esprits qu'on excite, je ne suis, je le répète, nullement rassuré surtout si on s'abandonne ou si on fait fausse route.

Un gouvernement peut difficilement être meilleur que ceux qui le nomment, et, dans nos démocraties, desquelles pourtant je ne veux pas médire, il suit docilement l'impulsion qu'il reçoit d'en bas.

C'est donc, s'il y a quelque chose à faire, sur l'esprit public qu'il faut agir.

VII

Dans quel sens y aurait-il lieu de diriger l'esprit public ? Cette question a une importance considérable.

L'auteur que je citais en ouvrant ces entretiens et avec lequel, comme il a pris soin de le dire lui-même, je suis loin d'être d'accord sur tous les points, est arrivé finalement à cette conclusion importante : que pour que l'économie soit possible à l'ouvrier, que l'ordre règne dans son budget, et le contentement dans son esprit, il était nécessaire que la *mentalité* de toutes les classes de la société soit changée.

Il s'agirait donc d'une sorte de *conversion*, que les théologiens nomment, je crois, la nouvelle naissance. Mot bien trouvé, car il faut en effet pour cela, abandonner son point de vue étroit et égoïste, étendre ses regards sur de plus vastes horizons et faire, non plus de son bien-être à soi, mais du bien-être général, sa préoccupation principale.

A cela parviennent, comme si cela ne leur coûtait aucune peine, certains esprits d'élite. Mais ce n'est pas l'état naturel et il faut, en général, de puissants efforts pour se faire à cette conception de l'existence. Ce travail pourtant semble indispensable.

Ici, on m'arrête par de bruyants éclats de rire et on me dit : Ne savez-vous pas, que si les milieux se modifient, si le temps s'écoule, si tout change en un mot autour de nous, l'homme, par contre, reste toujours le même? Tel il était hier, tel il est aujourd'hui, tel il sera demain et éternellement.

Une telle assertion peut surprendre. Est-elle une manifestation d'orgueil? Ceux qui raisonnent ainsi, se prennent-ils, en effet, pour des êtres exceptionnels? — Ou, au contraire, y aurait-il dans le langage qu'ils tiennent le plus triste des aveux : celui que l'idée d'une amélioration nécessaire ne leur a jamais traversé l'esprit; que contre ce *moi* haïssable ils n'ont jamais lutté; qu'ils n'ont jamais vaincu en un mot? — Osons le dire : Orgueil ou indifférence, voilà de quoi peut se composer pour beaucoup cette conviction, car les faits, sagement interprétés ne la justifient pas.

Quoiqu'il en soit, l'idée d'un travail intérieur nécessaire est dans l'air, elle se retrouve, non pas seulement dans les traités religieux, mais dans les écrits scientifiques de plusieurs auteurs contemporains.

A citer, avec éloges, dans cet ordre d'idées, le travail de M. Th. Ziegler : *La question sociale est une question de morale* (chez Félix Alcan) dont voici un extrait significatif :

« Il s'agit donc encore une fois — dit M. Ziegler — d'une transformation dans le fond et dans l'esprit de la société et *non d'une création soudaine de formes extérieures fabriquées de toutes pièces.* Ce n'est pas là une œuvre qui puisse s'improviser; elle doit être amenée par le temps et venir à son heure. L'individu ne doit pourtant pas se borner à une attente passive. Quand il se demande ce que sera demain, cette question ne doit pas être un point d'interrogation posé au destin et à la fatalité; mais elle doit l'amener à un examen de conscience dans lequel il se demande à lui-même : « Que puis-je faire dans la place que j'occupe, dans le rôle que je suis appelé à remplir, pour aider au triomphe de l'esprit social ? »

De même, dans son ouvrage *La lutte pour le Bien-Être*, M. E. Gilon (librairie Fischbacher), formule les mêmes pensées, il demande à une *réforme de l'individu*, le salut social, en s'exprimant ainsi : « Nous croyons que tous les systèmes sont bons si les hommes ont un peu plus de vertus et un peu moins de vices », et il poursuit en disant : « Les reproches qu'on adresse à la société seraient-ils mérités si les riches étaient un peu plus humains, s'ils dépensaient leur argent à des œuvres utiles, s'ils amélioraient le sort des pauvres, s'ils étaient moins accapareurs ? Si les pauvres étaient quelque peu économes et prévoyants ? Ils sont pauvres, ne peuvent économiser et les statistiques affirment qu'ils dépensent des millions de francs en boissons meurtrières et destructives des qualités morales et intellectuelles. »

Si donc nous adoptons complètement cette manière de voir, nous pouvons définir ainsi le mal qui mine notre société : l'égoïsme, fréquent chez les riches, l'inconduite, forme spéciale de l'égoïsme, chez beaucoup de déshérités.

Les premiers se rendent coupables, non pas seulement en action, mais tout autant par omission de ce qu'ils devraient faire.

En effet, la façon dont plusieurs emploient leur temps, leurs jours et leurs ressources, est-elle à l'abri de toute critique ?

N'y a-t-il pas souvent, chez eux, dans ces formes mêmes de respect, savamment calculées, dont ils se servent, suivant les personnes auxquelles ils s'adressent, quelque chose de blessant et le contraire même du respect ?

La jeunesse fortunée est-elle élevée comme elle devrait l'être et se respecte-t-elle aussi toujours suffisamment ?

Chacun, je crois, peut faire ici son *mea culpa !*

* *

Loin de moi la pensée de prononcer une parole qui soit

de nature à faire naître ou à envenimer une lutte de classes. Au contraire, je regarde comme souverainement malfaisants ceux qui, par convoitise, envie, calcul ou imprudence, nous poussent dans cette voie. Mais je ne puis me dispenser de faire la remarque que les responsabilités, des deux côtés, ne sont pas égales.

Si le riche égoïste est sans excuse, il n'en est pas de même pour l'inconduite ou pour l'intempérance du prolétaire. Une question de milieu se manifeste ici et intervient avec une force souverainement active.

Ainsi, l'habitude de l'ivrognerie n'a-t-elle pas parfois une excuse dans ce fait d'une alimentation insuffisante ?

Bien des vices ne proviennent-ils pas d'un défaut, plus ou moins complet, d'instruction et d'éducation, ou encore, de l'influence de mauvais exemples ?

Lorsque toutes les règles de l'hygiène, de la propreté et de la bienséance sont violées par suite du mauvais état et de l'exiguité du logis, qui en est responsable ? — Est-ce le pauvre qui a construit ces habitations ?

Est-il possible également que toutes les excitations de la presse restent sans effet sur lui ?

En somme, un rapprochement moral et intellectuel entre les couches diverses s'imposant, il faut que les classes supérieures en fassent les premiers frais. Tel doit être le mot d'ordre général. C'est là seulement, à notre avis, qu'est le salut social. — Sera-t-on assez sage pour le comprendre ?

VIII

— Alors de quelle façon agir ?

— Mettons-nous à la mode, au goût du jour : syndiquons-
nous. — Mais ne formons pas de syndicats d'hostilités, de
vengeances, de convoitises, de désirs inassouvis, d'oppression
brutale, comme la plupart de ceux que nous voyons.

A la guerre, à la haine, opposons *l'altruisme* puisque c'est
là le mot nouveau dont il faut se servir. Il remplace sans
avantage marqué ceux de charité et d'amour du prochain
auxquels nous étions habitués jusqu'ici et qui étaient tout
aussi précis.

Attachons-nous à tout ce qui rapproche, à tout ce qui unit,
à tout ce qui dans cet ordre d'idées est pratique et réalisable.
Le plus souvent, nous n'aurons qu'à nous rattacher plus
intimement aux institutions déjà existantes.

J'en ferai donc une énumération rapide. Cependant avant
de l'entreprendre, une déclaration est nécessaire.

C'est, politiquement parlant, à un point de vue absolument individualiste que je dois me placer.

Assurément, au-dessus de l'individu, se trouve le gouvernement qui peut décréter des réformes. Mais, étant une
émanation du peuple, il ne peut en être que le reflet. Capable parfois de hâter législativement le progrès, le gouverne-

ment ne peut jamais le devancer. Les lois ne peuvent long-temps être appliquées qu'en tant qu'elles sont ratifiées par l'esprit public.

Nous sommes donc fatalement ramenés à cette affirmation, que pour travailler au progrès social, c'est sur l'*individu*, avant tout, qu'il faut agir. — Ai-je besoin de le faire remarquer ? — c'est une œuvre qui réclame beaucoup de temps.

Si, comme individualité, personnellement et sans délai, notre action peut s'exercer dans nos rapports journaliers avec ceux qui nous touchent immédiatement, il serait fâcheux que nous nous en tenions à cela. Collectivement, sur le terrain social, certains sujets réclament bien autrement notre attention.

Je vais essayer d'en dresser une liste.

*
* *

Je me permettrai d'indiquer la vie religieuse tout d'abord, le culte public et tout ce qui s'y rattache, voilà un excellent terrain de rapprochement.

Nous n'ignorons pas que, par suite des prédications d'athéisme, attaques du dehors, et des attaques du dedans non moins funestes : la sécheresse des uns et l'étroitesse d'esprit des autres, la religion — malgré la renaissance de l'esprit religieux à laquelle, depuis peu, nous semblons assister, — n'a plus la même action qu'autrefois. Cependant son pouvoir, sur les humbles comme sur les esprits les plus cultivés, reste considérable.

Ne détournons surtout pas le mot *religion* de son sens primitif qui signifie relier : Qu'il ne s'agisse pas là, pour nous, d'une question d'habitude, de bienséance, ou d'une petite affaire de salut personnel, mais d'un véritable lien d'affection unissant les membres, riches et pauvres, d'une Église. Que

celle-ci soit une école de moralité, de renoncement, de recher-
che d'idéal, de modération dans les désirs et de contentement
d'esprit (¹).

Mais il est d'autres terrains d'entente encore.

Je parlerai en second lieu des œuvres de solidarité, si nombreuses de nos jours et si bien faites pour améliorer le sort
de ceux qui souffrent, œuvres qui réclament, non notre concours en argent seulement, mais souvent le sacrifice d'une
partie de notre temps. Car pour agir sur les autres, c'est
surtout cela, c'est soi-même, qu'il faut donner!

Qu'il suffise de nommer dans cet ordre d'idées, les différentes sociétés de patronage, de secours mutuels, de retraites,
de relèvement, de bienfaisance, d'instruction : elles sont toutes
nombreuses, et enfin les sociétés coopératives de consommation.

C'est à chacun à voir où et comment, suivant les circonstances, il peut se rendre utile. En le voulant, on le peut toujours, aussi humble que soit sa condition.

Va-t-on s'étonner et me taxer d'inconséquence, si je range
ici les sociétés coopératives de consommation, écoles d'ordre,
d'économie, de prévoyance, d'éducation même, parmi les
institutions utiles, alors que j'éprouve de légitimes préven-

(¹) Qu'on me permette de reproduire ici l'éloquent développement donné à
cette pensée par un auteur contemporain :

« Ma religion est-elle bonne et à quoi puis-je reconnaître qu'elle est bonne ?
A cette question voici la réponse : votre religion est bonne si elle est vivante et
agissante ; si elle nourrit en vous le sentiment de la valeur infinie de l'existence,
la confiance, l'espoir et la bonté ; si elle est l'alliée de la meilleure partie de vous-
même contre la plus mauvaise, et vous fait apparaître sans cesse la nécessité de
devenir un homme nouveau ; si elle vous fait comprendre que la douleur est une
libératrice ; si elle augmente en vous le respect de la conscience des autres ; si elle
vous rend ce pardon plus facile, le bonheur moins orgueilleux, le devoir plus cher,
l'au-delà moins obscur. Si oui, votre religion est bonne, peu importe son nom.
Quelque rudimentaire qu'elle soit, quand elle remplit et offre, elle procède de la
source authentique, elle vous lie aux hommes et à Dieu. » (*La Vie simple,* par E.
Wagner).

tions, suffisamment justifiées par les faits, pour les sociétés coopératives de production, celles-ci s'étant toujours montrées comme étant des nids à difficultés, des sources de déceptions plus encore : les profits en production étant beaucoup plus difficiles à faire naître qu'à répartir ?

Puis, toutes les associations propres à récréer honnêtement et à développer l'esprit social.

Non moins utiles que les premières, à ce point de vue, sont les sociétés de chant, d'harmonie, de gymnastique. Elles se recrutent surtout parmi la jeunesse et c'est surtout sur les jeunes hommes qu'on doit agir : ils sont l'avenir. Il faudrait que notre jeunesse heureuse et fortunée, qui emploie sou·vent si mal ses forces, soit complètement pénétrée de ces vérités.

Par la création de cours et de conférences, les étudiants, dans quelques grandes villes, du reste, lui ont montré qu'ils avaient conscience de leurs devoirs : ils ouvrent la voie. De telles entreprises peuvent nous remplir d'espoir.

Enfin, nous devons parler des tentatives qui se font dans des milieux fort différents : les *Cercles catholiques* et les associations protestantes d'*Union chrétienne*, dont l'action, à condition de se développer encore, peut être puissante dans ce même sens.

Le champ qui s'offre devant nous est vaste, on le voit.

*
* *

Et, pour terminer, pourrions-nous passer sous silence l'exemple, l'indication précise que quelques institutions politiques, animées d'un tout autre esprit, nous fournissent, le *Vooruit* de Gand en particulier ? — Il s'agit là d'une puissante association, dans laquelle on n'entre qu'après avoir fait une profession de foi nettement socialiste, et qui, à côté du pain qu'elle produit en quantités énormes, des marchandises de toutes sortes qu'elle fournit à ses adhérents, s'occupe également de leur esprit, le pétrissant et le faisant lever suivant les doctrines dont elle est animée.

Cette société, en effet, a fondé une bibliothèque socialiste, un journal où ses doctrines sont développées. Elle a ouvert des cours, elle fait des conférences; elle possède un café, une salle de spectacle; elle institue enfin une caisse d'épargne populaire : tout un noyau d'institutions, en un mot, faites, dit-on, par le peuple et pour le peuple. — Quel exemple ne nous donne-t-on pas ainsi !

L'ami du peuple sera toujours celui qui s'occupera de lui.
— Qui sera l'ami du peuple ?

En résumé, envisagée dans son ensemble, la question réside essentiellement dans un changement de mentalité capable de transformer les mœurs. Pour cela le concours de toutes les volontés est nécessaire.

C'est à chacun à sentir la responsabilité qui lui incombe.

Et, qui que nous soyons, pour tous, cette responsabilité est grande.

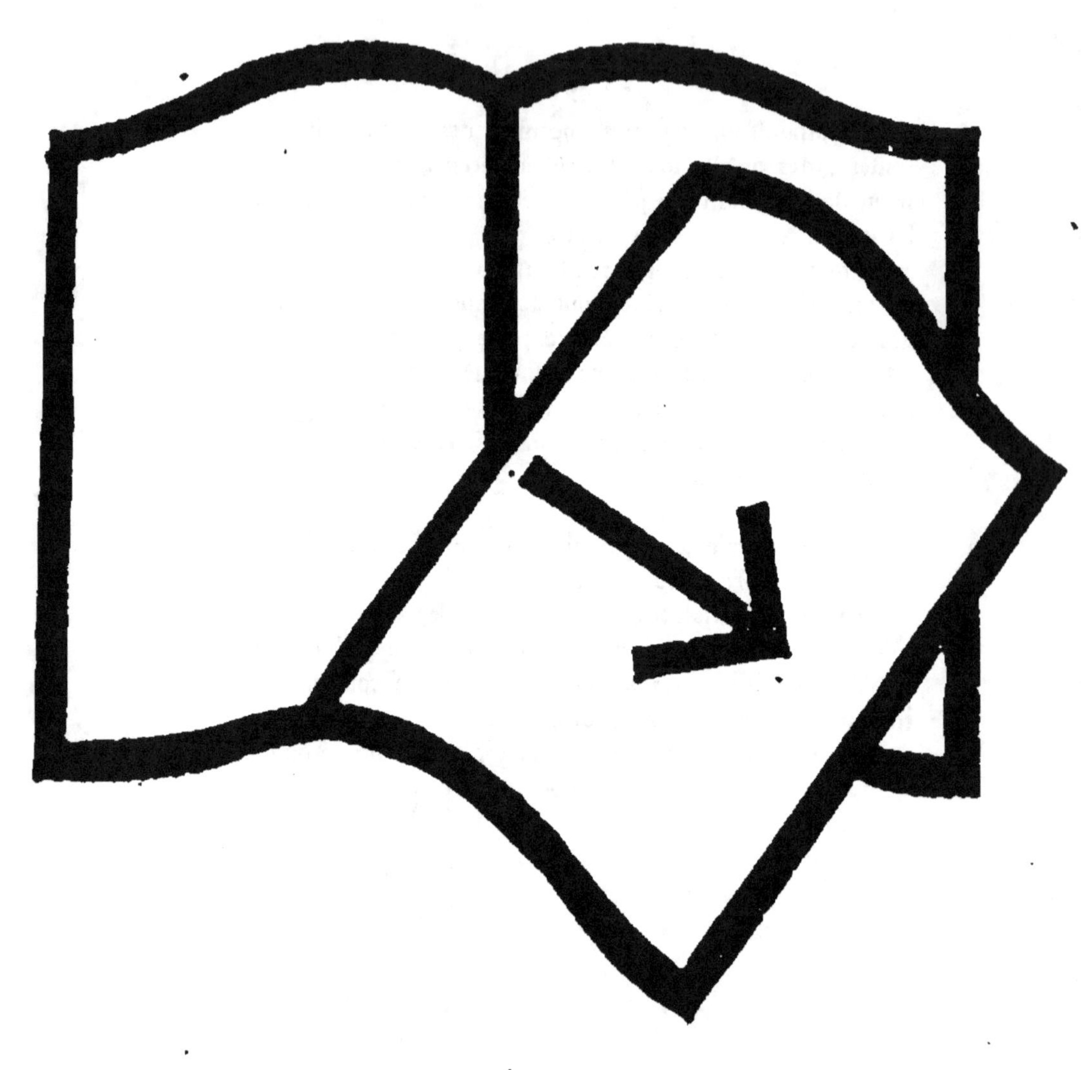

Documents manquants (pages, cahiers...)
NF Z 43-120-13